AF237336

Hexenkalender
Light-Edition

2023

Stefanie ✸ Gralewski

Hinweis

Sämtliche Anregungen und Anleitungen in diesem Buch entstammen dem volkstümlichen Brauchtum und dessen Interpretation der Autorin. Auch wenn die Angaben mit größter Sorgfalt zusammengetragen wurden, kann die Autorin keine Haftung für die Richtigkeit oder das Gelingen von Ritualen oder Rezepten übernehmen. Der Leser handelt stets in eigener Verantwortung. Dieses Buch oder Handlungsanregungen darin ersetzen weder den Gang zum Arzt oder Heilpraktiker, noch die Konsultation eines Rechtsanwaltes.

Fotos: Benjamin Nimtz / Maria Lessing
Umschlaggestaltung: Nicole Altenhoff
Illustrationen: Nelly Polychronidis
Satz: Maria Lessing

Bibliografische Information der Deutschen Nationalbibliothek: Die Deutsche Nationalbibliothek verzeichnet die Publikation in der Deutschen Nationalbibliografie, detaillierte bibliografische Daten sind im Internet unter http://denb.denb.de abrufbar.

© Stefanie Gralewski

Herstellung und Verlag:
BoD – Books on Demand, Norderstedt
ISBN 9783756242368

„Was aussieht wie unser
Spiel mit dem Feuer,
ist immer auch das Spiel des
Feuers mit uns."

nach Georg Skrypzak

Stefanie ᛉ Gralewski

RUNEN • LEBENSBERATUNG • RITUALE

Vorwort

Wenn im März 2023 Mars die Regentschaft von Jupiter übernimmt, wird sich zeigen, ob sich all unsere Erwartungen die wir regelmäßig an Jupiter stellen, erfüllt haben. Jupiter – der große Schenker. Er bringe angeblich großes Glück und Segen auf die Welt. Saturn vorher und auch Mars hinterher seien jedoch mit Vorsicht zu genießen, würden sie doch in ihrer Führung Ärger und negative Energien über die Welt bringen. So oder so ähnlich heißt es in so manchem Artikel über die Zeitqualität des Jahres.

Wir verkennen dabei jedoch unseren eigenen freien Willen und unsere eigene Verantwortung. Schon C. G. Jung – einer der Begründer der psychologischen Astrologie – sagte über die Astrologie: Die Gestirne zeigen die Zeitqualität an, beeinflussen sie aber nicht – ebenso wie eine Uhr die Zeit anzeige, sie aber weder beschleunige, noch verlangsame. Es sei an uns, der Zeit Inhalt zu geben.

So lade ich Sie ein, Verantwortung für dieses Jahr zu übernehmen und es nach Ihrem freien Willen zu gestalten – und sich dabei gern von den Möglichkeiten inspirieren zu lassen!

Ich wünsche Ihnen ein fantastisches neues Jahr 2023!

Herzlichst,
Stefanie Gralewski

Gesetzliche Feiertage im Jahr 2023

(Stand 21.05.2022)

Tag	Datum	Namen	Bundesland
SO	01.01	Neujahrstag	Bundesweit
FR	06.01	Heilige Drei Könige	BW, BY, ST
MI	08.03	Internat. Frauentag	BE
FR	07.04	Karfreitag	Bundesweit
SO	09.04	Ostersonntag	BB
MO	10.04	Ostermontag	Bundesweit
MO	01.05	Tag der Arbeit	Bundesweit
DO	18.05	Christi Himmelfahrt	Bundesweit
SO	28.05	Pfingstsonntag	BB
MO	29.05	Pfingstmontag	Bundesweit
DO	08.06	Fronleichnam	BW, BY, HE, NW, RP, SL
DI	15.08	Mariä Himmelfahrt	BY, SL
MI	20.09	Weltkindertag	TH
DI	03.10	Tag der Deutschen Einheit	Bundesweit
DI	31.10	Reformationstag	BB, HB, HH, MV, NI, SN, ST, SH, TH
MI	01.11	Allerheiligen	BW, BY, NW, RP, SL
MI	22.11	Buß- und Bettag	SN
MO	25.12	1. Weihnachtstag	Bundesweit
DI	26.12	2. Weihnachtstag	Bundesweit

Liste der verwendeten Abkürzungen

BB	– Brandenburg	NW	– Nordrhein-Westfalen
BE	– Berlin	RP	– Rheinland-Pfalz
BW	– Baden-Württemberg	SH	– Schleswig-Holstein
BY	– Bayern	SL	– Saarland
HB	– Bremen	SN	– Sachsen
HE	– Hessen	ST	– Sachsen-Anhalt
HH	– Hamburg	TH	– Thüringen
MV	– Mecklenburg-Vorpommern	TR	– Tagesregent / Planetenherrscher
NI	– Niedersachsen	TL	– Teelöffel

Kalenderübersicht 2023

Januar

	Mo	Di	Mi	Do	Fr	Sa	So
52							1
1	2	3	4	5	6	7	8
2	9	10	11	12	13	14	15
3	16	17	18	19	20	21	22
4	23	24	25	26	27	28	29
5	30	31					

Februar

	Mo	Di	Mi	Do	Fr	Sa	So
5			1	2	3	4	5
6	6	7	8	9	10	11	12
7	13	14	15	16	17	18	19
8	20	21	22	23	24	25	26
9	27	28					

März

	Mo	Di	Mi	Do	Fr	Sa	So
9			1	2	3	4	5
10	6	7	8	9	10	11	12
11	13	14	15	16	17	18	19
12	20	21	22	23	24	25	26
13	27	28	29	30	31		

April

	Mo	Di	Mi	Do	Fr	Sa	So
13						1	2
14	3	4	5	6	7	8	9
15	10	11	12	13	14	15	16
16	17	18	19	20	21	22	23
17	24	25	26	27	28	29	30

Mai

	Mo	Di	Mi	Do	Fr	Sa	So
17	1	2	3	4	5	6	7
18	8	9	10	11	12	13	14
19	15	16	17	18	19	20	21
20	22	23	24	25	26	27	28
21	29	30	31				
22							

Juni

	Mo	Di	Mi	Do	Fr	Sa	So
22				1	2	3	4
23	5	6	7	8	9	10	11
24	12	13	14	15	16	17	18
25	19	20	21	22	23	24	25
26	26	27	28	29	30		

Juli

	Mo	Di	Mi	Do	Fr	Sa	So
26						1	2
27	3	4	5	6	7	8	9
28	10	11	12	13	14	15	16
28	17	18	19	20	21	22	23
30	24	25	26	27	28	29	30
	31						

August

	Mo	Di	Mi	Do	Fr	Sa	So
31		1	2	3	4	5	6
32	7	8	9	10	11	12	13
33	14	15	16	17	18	19	20
34	21	22	23	24	25	26	27
35	28	29	30	31			

September

	Mo	Di	Mi	Do	Fr	Sa	So
35				1	2	3	4
36	5	6	7	8	9	10	11
37	12	13	14	15	16	17	18
38	19	20	21	22	23	24	25
39	26	27	28	29	30		

Oktober

	Mo	Di	Mi	Do	Fr	Sa	So
39							1
40	2	3	4	5	6	7	8
41	9	10	11	12	13	14	15
42	16	17	18	19	20	21	22
43	23	24	25	26	27	28	29
44	30	31					

November

	Mo	Di	Mi	Do	Fr	Sa	So
44			1	2	3	4	5
45	6	7	8	9	10	11	12
46	13	14	15	16	17	18	19
47	20	21	22	23	24	25	26
48	27	28	29	30			

Dezember

	Mo	Di	Mi	Do	Fr	Sa	So
48					1	2	3
49	4	5	6	7	8	9	10
50	11	12	13	14	15	16	17
51	18	19	20	21	22	23	24
52	25	26	27	28	29	30	31

Montag **26** Dezember TE: Mond ☽ (Intuition/Frau)	KW 52 **2. Weihnachtsfeiertag**
Dienstag **27** Dezember TE: Mars ♂ (Mut/Stärke)	
Mittwoch **28** Dezember TE: Merkur ☿ (Dialog/Handel)	
Donnerstag **29** Dezember TE: Jupiter ♃ (Geld/Job)	

	Freitag **30** Dezember TE: Venus ♀ (Liebe/Beauty)
Silvester	**Samstag** **31** Dezember 2022 TE: Saturn ♄ (Lösung/Ende)
Neujahr	**Sonntag** **01** Januar 2023 TE: Sonne ☉ (Mann/Energie)

Silvester am 31. Dezember

Für eine Silvester-Motivationskerze, die Ihnen dabei hilft, Ihre Vorsätze durchs Jahr zu retten, benötigen Sie eine Stumpenkerze (Größe nach Wahl), die Sie am Silvesterabend mit Ihren Vorsätzen, Ihrem Namen und der Jahreszahl des kommenden Jahres beschriften. Stellen Sie die Kerze in der Silvesternacht von außen auf das Fensterbrett. Die Kerze wird sich mit den Neuanfangsenergien aufladen. Immer, wenn Sie im Laufe des Jahres merken, dass Sie sich von Ihren Vorsätzen entfernen, können Sie die Kerze für 30 Minuten anzünden und sich von den Energien neu motivieren lassen.

Montag **02** Januar	KW 1
TE: Mond ☽ (Intuition/Frau)	
Dienstag **03** Januar	
TE: Mars ♂ (Mut/Stärke)	
Mittwoch **04** Januar	
TE: Merkur ☿ (Dialog/Handel)	
Donnerstag **05** Januar	
TE: Jupiter ♃ (Geld/Job)	

	Freitag
Heilige Drei Könige (BW, BY, ST)	**06**
	Januar
	TE: Venus ♀ (Liebe/Beauty)

	Samstag
	07
	Januar
	Vollmond
	TE: Saturn ♄ (Lösung/Ende)

	Sonntag
	08
	Januar
	TE: Sonne ☉ (Mann/Energie)

Tag des Heiligen Basilius am 2. Januar

Er lebte – laut einer byzantinischen Geschichtsschreiberin – im 4. Jahrhundert „in jeder Hinsicht vorbildlich" und gehört auch deshalb zu den bedeutendsten Kirchenlehrern im Christentum.

Er soll die Gabe der Weissagung besessen haben.
Nutzen auch Sie den Tag für ein Jahresorakel, z. B. mit Karten. Ziehen Sie dazu 13 Karten aus dem Stapel und legen Sie diese offen aus. 12 Karten stehen für die Monate des neuen Jahres, die 13. Karte zeigt die Jahresüberschrift.

Montag **09** Januar	KW 2
TE: Mond ☽ (Intuition/Frau)	
Dienstag **10** Januar	
TE: Mars ♂ (Mut/Stärke)	
Mittwoch **11** Januar	
TE: Merkur ☿ (Dialog/Handel)	
Donnerstag **12** Januar	Mars direktläufig
TE: Jupiter ♃ (Geld/Job)	

	Freitag
	13
	Januar
	TE: Venus ♀ (Liebe/Beauty)

	Samstag
	14
	Januar
	TE: Saturn ♄ (Lösung/Ende)

	Sonntag
	15
	Januar
	TE: Sonne ☉ (Mann/Energie)

Tag des römischen Gottes Janus am 9. Januar

Schon im antiken Rom wurde Janus zur Unterstützung bei neuen Projekten angerufen. Um einen besonders wichtigen Vorsatz einzuhalten, können Sie diesen auf einen kleinen Zettel schreiben.

Überlegen Sie sich dazu Antworten auf die Fragen: Wie hilft es mir? Wie hilft es meinen Liebsten? Wie hilft es der Welt? Was ändert sich, wenn ich mein Vorhaben umsetze? Der Zettel wird dann in eine kleine Phiole (Mini-Glasfläschchen) geschoben, mit passenden Symbolen verziert und gut sichtbar über die Eingangstür aufgehängt.

Montag **16** Januar	KW 3
TE: Mond ☽ (Intuition/Frau)	
Dienstag **17** Januar	
TE: Mars ♂ (Mut/Stärke)	
Mittwoch **18** Januar	Merkur direktläufig
TE: Merkur ☿ (Dialog/Handel)	
Donnerstag **19** Januar	
TE: Jupiter ♃ (Geld/Job)	

Sonne → Wassermann	**Freitag** **20** Januar TE: Venus ♀ (Liebe/Beauty)
	Samstag **21** Januar **Neumond** TE: Saturn ♄ (Lösung/Ende)
	Sonntag **22** Januar TE: Sonne ☉ (Mann/Energie)

Tag des hinduistischen Gottes Ganesha am 16. Januar

Nahezu jeder morgendliche Hindu-Gottesdienst beginnt mit einem Gebet an ihn. Auch Sie können morgens eine Kerze anzünden und folgendes Gebet an Ganesha sprechen, um mit Leichtigkeit in einen guten Tag zu starten:

„Oh anbetungswürdiger Gott voll Barmherzigkeit und Liebe. Allgegenwärtig bist Du, allmächtig, allwissend. Im Innern aller Wesen wohnst Du. Gib uns ein verstehendes Herz, die rechte Einsicht, ein ausgeglichenes Gemüt, Vertrauen, Hingebung und Weisheit."

Montag **23** Januar	KW 4 Uranus direktläufig
TE: Mond ☽ (Intuition/Frau)	
Dienstag **24** Januar	
TE: Mars ♂ (Mut/Stärke)	
Mittwoch **25** Januar	
TE: Merkur ☿ (Dialog/Handel)	
Donnerstag **26** Januar	Mars direktläufig
TE: Jupiter ♃ (Geld/Job)	

	Freitag **27** Januar TE: Venus ♀ (Liebe/Beauty)
	Samstag **28** Januar TE: Saturn ♄ (Lösung/Ende)
	Sonntag **29** Januar TE: Sonne ☉ (Mann/Energie)

Tag der keltischen Göttin Cerridwen am 26. Januar

Cerridwen ist die Mondgöttin, heilige Mutter; Göttin der Magie, von Weisheit, Tod und Wiedergeburt. Besonders Frauen, die an Lebensschwellen oder -übergängen ankommen oder ihr Leben grundlegend ändern wollen, wenden sich an Cerridwen.

Sie können dazu z. B. eine Gebetskette aus Onyx verwenden. Haben Sie keine Gebetskette der Göttin, verwenden Sie eine Perlenkette und sprechen Sie an jeder Perle: „Heilige Mutter, segne und schütze mich." In der nächsten Runde: „Mondgöttin, zeige mir die Möglichkeiten."

Montag **30** Januar TE: Mond ☽ (Intuition/Frau)	KW 5
Dienstag **31** Januar TE: Mars ♂ (Mut/Stärke)	
Mittwoch **01** Februar TE: Merkur ☿ (Dialog/Handel)	
Donnerstag **02** Februar TE: Jupiter ♃ (Geld/Job)	

	Freitag
	03
	Februar
	TE: Venus ♀ (Liebe/Beauty)

	Samstag
	04
	Februar
	TE: Saturn ♄ (Lösung/Ende)

	Sonntag
	05
	Februar
	Vollmond
	TE: Sonne ☉ (Mann/Energie)

Nacht der keltischen Göttin Brigid vom 1. auf den 2. Februar

Einer alten Legende nach zieht Brigid in der Nacht durchs Land und haucht der schlafenden, scheinbar toten Natur neuen Atem, und damit neues Leben, ein.

Legen Sie in dieser Nacht ein (Stück) Brot auf das Fensterbrett, damit die Göttin es im Vorbeiziehen segnet. Dieses Brot soll der Überlieferung nach am Morgen unter allen Mitbewohnern geteilt und gemeinsam gegessen werden, um sich des Glücks und des Segens der Göttin im ganzen Jahr gewiss zu sein.

Montag **06** Februar TE: Mond ☽ (Intuition/Frau)	KW 6
Dienstag **07** Februar TE: Mars ♂ (Mut/Stärke)	
Mittwoch **08** Februar TE: Merkur ☿ (Dialog/Handel)	
Donnerstag **09** Februar TE: Jupiter ♃ (Geld/Job)	

	Freitag
	10
	Februar
	TE: Venus ♀ (Liebe/Beauty)

	Samstag
	11
	Februar
	TE: Saturn ♄ (Lösung/Ende)

	Sonntag
	12
	Februar
	TE: Sonne ☉ (Mann/Energie)

Tag der Heiligen Apollonia am 9. Februar

In Zeiten, in denen es Ihnen nicht gut geht, Sie keinen Ausweg finden und sich allein gelassen fühlen, können Sie sich in einer katholischen Kirche (oder auch im Internet) ein Heiligenbildchen von Apollonia besorgen.

Oft finden Sie darauf auch Gebete, wie das folgende, welches Ihnen Erleichterung verschaffen soll: „Heilige Jungfrau und Märtyrerin Apollonia, ich bitte Dich, Du wolltest durch Deine Fürbitte mir in meinem Leiden Linderung verschaffen und ein Feuer der göttlichen Liebe in mir erwecken, dass ich alle Schmerzen mit Geduld ertragen könne. Amen."

Montag **13** Februar TE: Mond ☽ (Intuition/Frau)	KW 7
Dienstag **14** Februar TE: Mars ♂ (Mut/Stärke)	
Mittwoch **15** Februar TE: Merkur ☿ (Dialog/Handel)	
Donnerstag **16** Februar TE: Jupiter ♃ (Geld/Job)	

	Freitag **17** Februar TE: Venus ♀ (Liebe/Beauty)
Sonne → Fische	**Samstag** **18** Februar TE: Saturn ♄ (Lösung/Ende)
	Sonntag **19** Februar TE: Sonne ☉ (Mann/Energie)

Römische Lupercalien am 15. Februar

Dieses Reinigungsfest zu Ehren des Gottes Lupercus können wir auch in unseren modernen Zeiten begehen. Starten Sie heute mit einer Reinigungsräucherung aus Salbei und Weihrauch in den Frühjahrsputz. Geben Sie etwas Salz und/oder Weihrauchöl ins Putzwasser. Damit lösen sich neben dem Schmutz auch gleich negative Energien, die sich im Winter angesammelt haben und zu Konflikten und Müdigkeit führen. Zünden Sie nach jeder Putzeinheit eine kleine Teekerze an, auf die sie einen Tropfen Zitrusöl gegeben haben und freuen Sie sich über das Geschaffte.

Montag **20** Februar **Neumond** TE: Mond ☽ (Intuition/Frau)	KW 8
Dienstag **21** Februar TE: Mars ♂ (Mut/Stärke)	
Mittwoch **22** Februar TE: Merkur ☿ (Dialog/Handel)	
Donnerstag **23** Februar TE: Jupiter ♃ (Geld/Job)	

Freitag

24

Februar

TE: Venus ♀
(Liebe/Beauty)

Samstag

25

Februar

TE: Saturn ♄
(Lösung/Ende)

Sonntag

26

Februar

TE: Sonne ☉
(Mann/Energie)

Römische Terminalia am 23. Februar

Und weiter geht es mit einem Fest aus dem antiken Rom. In diesen Tagen wurde der Gott Terminus geehrt, indem man die Grenzsteine, Mauern und Zäune zu den Nachbarn mit Blumen schmückte und die Unverrückbarkeit der Grenzen öffentlich bekannte.

Reflektieren Sie doch heute einmal über Ihre ganz persönlichen Grenzen – die unsichtbaren, aber auch die sichtbaren. Welche sind noch nützlich? Welche dürfen für Ihre Mitmenschen deutlicher werden? Feiern Sie das Wort „Nein" heute einmal ausgiebig.

Montag **27** Februar	KW 9
TE: Mond ☽ (Intuition/Frau)	
Dienstag **28** Februar	
TE: Mars ♂ (Mut/Stärke)	
Mittwoch **01** März	
TE: Merkur ☿ (Dialog/Handel)	
Donnerstag **02** März	
TE: Jupiter ♃ (Geld/Job)	

	Freitag
	03
	März
	TE: Venus ♀
	(Liebe/Beauty)

	Samstag
	04
	März
	TE: Saturn ♄
	(Lösung/Ende)

	Sonntag
	05
	März
	TE: Sonne ☉
	(Mann/Energie)

Tag der heiligen Kunigunde am 3. März

Aus dem sogenannten Kunigundenkraut – dem Wasserdost – kann man Kränze flechten, denen dann wundersame Wirkkräfte nachgesagt werden. So sollen sie zum Beispiel dabei helfen, negativ eingestellte Menschen abzuwehren.

Im Alltag praktikabler ist es, das Kunigundenkraut nicht zu Kränzen zu flechten, sondern getrocknet in ein kleines Säckchen zu geben und dieses als Schutz bei sich zu tragen. Ein Obsidian-Stein mit hineingegeben verstärkt die schützende Kraft noch einmal deutlich.

Montag **06** März TE: Mond ☽ (Intuition/Frau)	KW 10
Dienstag **07** März **Vollmond** TE: Mars ♂ (Mut/Stärke)	
Mittwoch **08** März TE: Merkur ☿ (Dialog/Handel)	**Frauentag** (BE)
Donnerstag **09** März TE: Jupiter ♃ (Geld/Job)	

	Freitag **10** März TE: Venus ♀ (Liebe/Beauty)
	Samstag **11** März TE: Saturn ♄ (Lösung/Ende)
	Sonntag **12** März TE: Sonne ☉ (Mann/Energie)

Tag des slawischen Gottes Perun am 10. März

Perun wird gerufen, um Schwüre zu bezeugen oder zu lösen.

Um die Kraft des abnehmenden Mondes gleich mitzunehmen, schreiben Sie alte oder unüberlegte Schwüre, Versprechen oder Eide einzeln auf kleine Zettel und verbrennen diese dann nach und nach. Die Asche der verbrannten und damit gelösten Schwüre werden unter einer großen Eiche vergraben.

Montag **13** März	KW 11
TE: Mond ☽ (Intuition/Frau)	
Dienstag **14** März	
TE: Mars ♂ (Mut/Stärke)	
Mittwoch **15** März	
TE: Merkur ☿ (Dialog/Handel)	
Donnerstag **16** März	
TE: Jupiter ♃ (Geld/Job)	

	Freitag
	17
	März
	TE: Venus ♀
	(Liebe/Beauty)

	Samstag
	18
	März
	TE: Saturn ♄
	(Lösung/Ende)

	Sonntag
	19
	März
	TE: Sonne ☉
	(Mann/Energie)

Tag der römischen Göttin Levana am 16. März

Levana ist die Schutzgöttin der Neugeborenen, sie unterstützt aber generell alle Neuanfänge.

Was möchten Sie neu beginnen? Um Levanas Segen zu erbitten, schreiben Sie Ihren Wunsch auf einen Zettel, rollen diesen zusammen und vergraben ihn gemeinsam mit einem rohen Ei in der Nähe eines Sees. Wichtig: Drehen Sie sich danach nicht mehr um, sondern gehen Sie einfach davon.

Montag **20** März TE: Mond ☽ (Intuition/Frau)	KW 12 Tagundnachtgleiche (22:24 Uhr) Sonne → Widder
Dienstag **21** März **Neumond** TE: Mars ♂ (Mut/Stärke)	
Mittwoch **22** März TE: Merkur ☿ (Dialog/Handel)	
Donnerstag **23** März TE: Jupiter ♃ (Geld/Job)	

	Freitag **24** März TE: Venus ♀ (Liebe/Beauty)
	Samstag **25** März TE: Saturn ♄ (Lösung/Ende)
Beginn Sommerzeit	Sonntag **26** März TE: Sonne ☉ (Mann/Energie)

Tag der ägyptischen Göttin Bastet am 22. März

Die katzenköpfige Fruchtbarkeitsgöttin ist die Schützerin der Schwangeren, die Göttin der Liebe, des Tanzes und der Feste. Heutzutage wird sie auch gern angerufen, wenn es um unsere Haustiere – speziell um Katzen – geht.

Da Bastet aber auch hilft, in schweren Zeiten den Durchblick zu behalten, können Sie heute eine weiße und eine gelbe Kerze mit Ihrem Namen beschriften und gleichzeitig abbrennen lassen, während Sie der Göttin Ihr Anliegen vortragen.

Montag **27** März	KW 13
TE: Mond ☽ (Intuition/Frau)	
Dienstag **28** März	
TE: Mars ♂ (Mut/Stärke)	
Mittwoch **29** März	
TE: Merkur ☿ (Dialog/Handel)	
Donnerstag **30** März	
TE: Jupiter ♃ (Geld/Job)	

	Freitag
	31
	März
	TE: Venus ♀ (Liebe/Beauty)

	Samstag
	01
	April
	TE: Saturn ♄ (Lösung/Ende)

	Sonntag
	01
	April
	TE: Sonne ☉ (Mann/Energie)

Tag des heiligen Eustas am 29. März

Eustas gehört zu den sogenannten Wetterheiligen und gibt gemeinsam mit seinem Begleiter einen Ausblick auf das Wetter der nächsten Monate. Die traditionelle Wetterregel besagt: Wie der Eustas (29. März) so der Frühling. Wie der Quirin (30. März) so der Sommer.

Bitte beachten Sie, dass diese Wetterregeln sich immer nur auf lokale Gegebenheiten beziehen. Wie das Wetter am 29. oder 30. März bei Ihnen im Ort ist, so wird das Wetter im Frühling bzw. Sommer bei Ihnen im Ort sein.

Montag **03** April TE: Mond ☽ (Intuition/Frau)	KW 14
Dienstag **04** April TE: Mars ♂ (Mut/Stärke)	
Mittwoch **05** April TE: Merkur ☿ (Dialog/Handel)	
Donnerstag **06** April **Vollmond** TE: Jupiter ♃ (Geld/Job)	

Karfreitag	Freitag **07** April TE: Venus ♀ (Liebe/Beauty)
	Samstag **08** April TE: Saturn ♄ (Lösung/Ende)
Ostersonntag (BB)	Sonntag **09** April TE: Sonne ☉ (Mann/Energie)

Tag der slawischen Göttin Lada am 6. April

Lada ist die Göttin der Schönheit und der Liebe. „Lad" bedeutet auch Frieden, Einheit, Harmonie.

Da ihr heiliger Baum die Linde ist, können Sie am Abend einen Zettel mit Ihrem Liebeswunsch unter einer Linde vergraben und Lada um Unterstützung bitten.

Montag **10** April TE: Mond ☽ (Intuition/Frau)	KW 15 **Ostermontag**
Dienstag **11** April TE: Mars ♂ (Mut/Stärke)	
Mittwoch **12** April TE: Merkur ☿ (Dialog/Handel)	
Donnerstag **13** April TE: Jupiter ♃ (Geld/Job)	

	Freitag
	14 April
	TE: Venus ♀ (Liebe/Beauty)

	Samstag
	15 April
	TE: Saturn ♄ (Lösung/Ende)

	Sonntag
	16 April
	TE: Sonne ☉ (Mann/Energie)

Tag der römischen Göttin Ceres am 12. April

Ceres ist die Göttin des Ackerbaus, des Getreides und der Ernte. Ihr zu Ehren wurde im antiken Rom vom 12. April bis 19. April ein großes Fest gefeiert, bei dem auch immer wieder Opfer dargebracht wurden, um Fülle und Wohlstand zu sichern.

Bringen Sie doch heute auch einmal ein Opfer in Form von Obst, Gemüse und Blüten dar, indem Sie Ihre Gaben in Ihrem Garten oder am Rande eines Getreidefeldes vergraben. Zünden Sie dazu eine gelbe Kerze an und bitten Sie um die Erhaltung und das Wachstum von Wohlstand und Fülle.

Montag **17** April TE: Mond ☽ (Intuition/Frau)	KW 16
Dienstag **18** April TE: Mars ♂ (Mut/Stärke)	
Mittwoch **19** April TE: Merkur ☿ (Dialog/Handel)	
Donnerstag **20** April **Neumond** TE: Jupiter ♃ (Geld/Job)	Totale Sonnenfinsternis Sonne → Stier Merkur rückläufig

	Freitag **21** April TE: Venus ♀ (Liebe/Beauty)
	Samstag **22** April TE: Saturn ♄ (Lösung/Ende)
	Sonntag **23** April TE: Sonne ☉ (Mann/Energie)

Tag des indigenen Gottes Sotugnangu am 20. April

Bei den Navajo ist Sotugnangu der Schöpfer der Erde und des Himmels. Die Verbindung vom Irdischen und Geistigen ist Grundlage für ein glückliches Leben. Stärken Sie diese Verbindung doch einmal mit einem Tee, der für Entspannung sorgt, gleichzeitig aber auch die Sinne schärft.
Für die Teemischung vermengen Sie je 2 Teelöffel Kamille und Zitronenmelisse mit je einem Teelöffel Lavendel, Pfefferminz und Rosenblüten. Geben Sie eine Prise Muskat dazu und mischen Sie alles gut durch. Für eine Tasse Tee übergießen Sie 2 Teelöffel der Mischung mit 150 ml heißem, nicht mehr kochenden Wasser. Nach 5 Minuten abseihen und genießen.

Montag	KW 17
24	
April	
TE: Mond ☽ (Intuition/Frau)	

Dienstag	
25	
April	
TE: Mars ♂ (Mut/Stärke)	

Mittwoch	
26	
April	
TE: Merkur ☿ (Dialog/Handel)	

Donnerstag	
27	
April	
TE: Jupiter ♃ (Geld/Job)	

	Freitag
	28
	April
	TE: Venus ♀ (Liebe/Beauty)

	Samstag
	29
	April
	TE: Saturn ♄ (Lösung/Ende)

	Sonntag
	30
	April
	TE: Sonne ☉ (Mann/Energie)

Tag des heiligen Markus am 25. April

Früher wurden vielerorts an diesem Tag Wacholderfeuer angezündet, um böse Geister zu vertreiben. Daher bietet sich auch für uns heute eine Wacholderräucherung an, um uns und unser Umfeld von negativer Energie zu reinigen.

Dazu können Sie einfach die getrockneten Beeren nehmen, die Sie im Küchenschrank haben. Diese werden mit einem Messer oder einer Gabel etwas zerdrückt und auf die glühende Kohle gegeben.

Montag **01** Mai	KW 18 **Tag der Arbeit**
TE: Mond ☽ (Intuition/Frau)	
Dienstag **02** Mai	
TE: Mars ♂ (Mut/Stärke)	
Mittwoch **03** Mai	
TE: Merkur ☿ (Dialog/Handel)	
Donnerstag **04** Mai	
TE: Jupiter ♃ (Geld/Job)	

Halbschatten-Mondfinsternis	Freitag **05** Mai **Vollmond** TE: Venus ♀ (Liebe/Beauty)
	Samstag **06** Mai TE: Saturn ♄ (Lösung/Ende)
	Sonntag **07** Mai TE: Sonne ☉ (Mann/Energie)

Tag der hinduistischen Göttin Savitri am 2. Mai

Sie gilt als Göttin des Alphabets, der Sprache und der Weisheit. Daher passt heute ein Wort- bzw. Buchstabenorakel wunderbar.

Nehmen Sie eine alte Zeitung zur Hand und reißen Sie ein paar Seiten davon in kleine Schnipsel. Nun konzentrieren Sie sich auf Ihre Frage und ziehen dann 3 Papierstückchen. Aus den lesbaren Buchstaben und Wortfragmenten ergibt sich die Antwort auf Ihre Frage.

Montag **08** Mai	KW 19
TE: Mond ☽ (Intuition/Frau)	
Dienstag **09** Mai	
TE: Mars ♂ (Mut/Stärke)	
Mittwoch **10** Mai	
TE: Merkur ☿ (Dialog/Handel)	
Donnerstag **11** Mai	
TE: Jupiter ♃ (Geld/Job)	

	Freitag
	12
	Mai
	TE: Venus ♀ (Liebe/Beauty)

	Samstag
	13
	Mai
	TE: Saturn ♄ (Lösung/Ende)

	Sonntag
	14
	Mai
	TE: Sonne ☉ (Mann/Energie)

Tag des indio-schamanischen Gottes Alosaka am 12. Mai

Bei den Hopi ist er der Gott von Fruchtbarkeit und Wachstum. Folgendes Ritual ist überliefert: Ziehen Sie mit Maiskörnern eine Spirale, die groß genug ist, dass Sie diese entlang gehen können. Visualisieren Sie, wie Sie alles Wunderbare anziehen, wenn Sie nach innen gehen. Visualisieren Sie, wie Sie alles Negative verschwinden lassen, wenn Sie nach außen gehen. Möchten Sie die Maispflanzen in Ihrem Garten als Meditationsspirale wachsen lassen? Dann verwenden Sie Saatmais. Wenn nicht, wird die Spirale schwungvoll mit einem Besen verwischt und damit aufgelöst.

Montag **15** Mai	KW 20 Merkur direktläufig
TE: Mond ☽ (Intuition/Frau)	
Dienstag **16** Mai	
TE: Mars ♂ (Mut/Stärke)	
Mittwoch **17** Mai	
TE: Merkur ☿ (Dialog/Handel)	
Donnerstag **18** Mai	**Christi Himmelfahrt**
TE: Jupiter ♃ (Geld/Job)	

	Freitag **19** Mai **Neumond** TE: Venus ♀ (Liebe/Beauty)
	Samstag **20** Mai TE: Saturn ♄ (Lösung/Ende)
Sonne→ Zwiling	Sonntag **21** Mai TE: Sonne ☉ (Mann/Energie)

Tag der ägyptischen Göttin Sachmet am 17. Mai

Der Name Sachmet bedeutet so viel wie „die Mächtige" und leider wird sie oft als wütend und kriegerisch dargestellt. Völlig verkannt ist ihre Schutzfunktion. Früher verschenkte man z. B. Amulette mit dem Löwenkopf der Göttin, um seine Liebsten mit einem starken Schutzzauber zu umgeben.

Verbinden Sie sich mit der Kraft Sachmets, indem Sie einen Löwenkopf Kettenanhänger tragen oder ein Medaillon mit einem Sachmet-Bild.

Montag **22** Mai	KW 21
TE: Mond ☽ (Intuition/Frau)	
Dienstag **23** Mai	
TE: Mars ♂ (Mut/Stärke)	
Mittwoch **24** Mai	
TE: Merkur ☿ (Dialog/Handel)	
Donnerstag **25** Mai	
TE: Jupiter ♃ (Geld/Job)	

	Freitag
	26
	Mai
	TE: Venus ♀ (Liebe/Beauty)

	Samstag
	27
	Mai
	TE: Saturn ♄ (Lösung/Ende)

Pfingstsonntag (BB)	Sonntag
	28
	Mai
	TE: Sonne ☉ (Mann/Energie)

Tag des gräkoromanischen Gottes Apollon am 25. Mai

Der Sonnengott Apollon (oder auch Apoll genannt) versorgt alle Menschen, die ihn darum bitten, großzügig mit Energie, Leichtigkeit und Lebensfreude.

Entzünden Sie dazu zum Sonnenaufgang eine gelbe Kerze, die Sie mit Ihrem Namen beschriftet haben. Beobachten Sie wie die Sonne aufsteigt, verbinden Sie sich mit dieser Kraft und bitten Sie Apollon um Unterstützung.

Montag **29** Mai TE: Mond ☽ (Intuition/Frau)	KW 22 **Pfingstmontag**
Dienstag **30** Mai TE: Mars ♂ (Mut/Stärke)	
Mittwoch **31** Mai TE: Merkur ☿ (Dialog/Handel)	
Donnerstag **01** Juni TE: Jupiter ♃ (Geld/Job)	

	Freitag
	02
	Juni
	TE: Venus ♀
	(Liebe/Beauty)

	Samstag
	03
	Juni
	TE: Saturn ♄
	(Lösung/Ende)

	Sonntag
	04
	Juni
	Vollmond
	TE: Sonne ☉
	(Mann/Energie)

Tag der römischen Göttin Alemonia am 2. Juni

Die Schutzgöttin der Schwangerschaft, welche die Kinder im Mutterleib nährt, hieß im antiken Rom Alemonia und wurde oft zusammen mit Lucina dargestellt, welche die Kinder bei der Geburt ans Licht der Welt bringt.

Auch heute noch werden beide in Ritualen bei unerfülltem Kinderwunsch angerufen. Dazu wird der Name der künftigen Mutter oder des künftigen Elternpaares zusammen mit dem Wunsch auf einen Zettel geschrieben und verbrannt. Die Asche soll am Rande eines Getreidefeldes vergraben werden.

Montag **05** Juni	KW 23
TE: Mond ☽ (Intuition/Frau)	
Dienstag **06** Juni	
TE: Mars ♂ (Mut/Stärke)	
Mittwoch **07** Juni	
TE: Merkur ☿ (Dialog/Handel)	
Donnerstag **08** Juni	**Fronleichnam** (BW, BY, HE, NW, RP, SL)
TE: Jupiter ♃ (Geld/Job)	

	Freitag
	09
	Juni
	TE: Venus ♀
	(Liebe/Beauty)

	Samstag
	10
	Juni
	TE: Saturn ♄
	(Lösung/Ende)

	Sonntag
	11
	Juni
	TE: Sonne ☉
	(Mann/Energie)

Sternschnuppen der Arietiden

Aktuell (noch bis etwa dem 2. Juli) dreht sich die Erde durch den Meteorstrom der Arietiden. Der Hauptstrom trifft am 8. Juni auf die Erde – allerdings leider bei Tageslicht. Daher werden die Sternschnuppen nicht zu sehen sein. Die Wunschenergie ist dennoch besonders hoch.

Nutzen Sie diese Energie doch mit einem Wunschzauber. Sie können z. B. eine Kerze (grün für finanzielle Wünsche, rot für Liebeswünsche, weiß für alle weiteren) mit Ihrem Namen und Ihrem Wunsch beschriften und abbrennen.

Montag **12** Juni	KW 24
TE: Mond ☽ (Intuition/Frau)	
Dienstag **13** Juni	
TE: Mars ♂ (Mut/Stärke)	
Mittwoch **14** Juni	
TE: Merkur ☿ (Dialog/Handel)	
Donnerstag **15** Juni	
TE: Jupiter ♃ (Geld/Job)	

	Freitag
	16 Juni
	TE: Venus ♀ (Liebe/Beauty)

Saturn rückläufig	Samstag
	17 Juni
	TE: Saturn ♄ (Lösung/Ende)

	Sonntag
	18 Juni
	Neumond
	TE: Sonne ☉ (Mann/Energie)

Tag der ägyptischen Göttin Isis am 14. Juni

Das Götterpaar Isis und Osiris führten den Mythen nach eine sehr glückliche Ehe, bis der neidische Bruder Seth Osiris tötete. Nachdem Isis zunächst in tiefe Verzweiflung stürzte, nahm sie viele Anstrengungen auf sich, um mit mächtigen Zaubern ihren Gatten wieder zum Leben zu erwecken.

Isis ist daher die richtige Ansprechpartnerin bei Liebeskummer. Zünden Sie eine rote, eine gelbe und eine orangefarbene Kerze an, die alle mit Ihrem Namen und dem Namen Ihres Liebsten beschriftet sind. Während die Kerzen ganz abbrennen, wenden Sie sich in Gedanken an Isis, wie an eine gute Freundin und bitten Sie um Hilfe.

Montag **19** Juni TE: Mond ☽ (Intuition/Frau)	KW 25
Dienstag **20** Juni TE: Mars ♂ (Mut/Stärke)	
Mittwoch **21** Juni TE: Merkur ☿ (Dialog/Handel)	Sommersonnenwende (16:57 Uhr) Sonne → Krebs
Donnerstag **22** Juni TE: Jupiter ♃ (Geld/Job)	

	Freitag
	23 Juni
	TE: Venus ♀ (Liebe/Beauty)

	Samstag
	24 Juni
	TE: Saturn ♄ (Lösung/Ende)

	Sonntag
	25 Juni
	TE: Sonne ☉ (Mann/Energie)

Tag des babylonischen Gottes Šamaš am 23. Juni

Er ist der Gott der Sonne und des Wahrsagens. Da in dieser Zeit verschiedene Lagerfeuer entzündet werden, nutzen Sie diese doch einmal für ein Orakel.

So können Sie die Flammen bzw. die Feuer deuten: Ein knisterndes Feuer weist auf baldige Freude hin. Knallgeräusche zeigen plötzlichen Besuch an. Zeigen sich weiße Spitzen in den Flammen, ist ein Engel in Ihrer Nähe. Auf keinen Fall darf man in das Feuer spucken. Einer alten Überlieferung nach soll das nämlich Unglück bringen.

Montag **26** Juni	KW 26
TE: Mond ☽ (Intuition/Frau)	
Dienstag **27** Juni	
TE: Mars ♂ (Mut/Stärke)	
Mittwoch **28** Juni	
TE: Merkur ☿ (Dialog/Handel)	
Donnerstag **29** Juni	
TE: Jupiter ♃ (Geld/Job)	

	Freitag **30** Juni TE: Venus ♀ (Liebe/Beauty)
	Samstag **01** Juli TE: Saturn ♄ (Lösung/Ende)
	Sonntag **02** Juli TE: Sonne ☉ (Mann/Energie)

Tag der sumerischen Göttin Ishtar am 26. Juni

Ishtar ist eine uralte Himmelsgöttin, Göttin der Liebe und Fruchtbarkeit. Ihr ist die Myrte heilig.

Mit diesem kleinen Ritual können Sie das Herz Ihres Liebsten erweichen, wenn er sich emotionslos zeigt oder sich zurückzieht. Stellen Sie ein Foto Ihres Liebsten in einem Fotorahmen auf und umwickeln Sie den Rahmen mit Myrtenzweigen. Stellen Sie eine rote Kerze davor, die Sie mit Ihren beiden Namen beschriftet haben und lassen Sie die Kerze abbrennen.

Montag **03** Juli **Vollmond** TE: Mond ☽ (Intuition/Frau)	KW 27
Dienstag **04** Juli TE: Mars ♂ (Mut/Stärke)	
Mittwoch **05** Juli TE: Merkur ☿ (Dialog/Handel)	
Donnerstag **06** Juli TE: Jupiter ♃ (Geld/Job)	

	Freitag
	07
	Juli
	TE: Venus ♀ (Liebe/Beauty)

	Samstag
	08
	Juli
	TE: Saturn ♄ (Lösung/Ende)

	Sonntag
	09
	Juli
	TE: Sonne ☉ (Mann/Energie)

Tag der griechischen Göttin Peitho am 6. Juli

Peitho ist die Göttin der Rhetorik und der Kommunikation. Sie hatte ursprünglich die Aufgabe, die Überzeugungskraft in den Worten der Liebenden zu fördern. Zeigte eine begehrte Person wenig Interesse, so wurde im antiken Griechenland die Göttin Peitho angerufen, in der Hoffnung, dass das Liebeswerben dann erhört werde.

Das funktioniert auch heute noch! Zünden Sie dazu unterstützend eine rosafarbene Kerze an.

Montag **10** Juli	KW 28
TE: Mond ☽ (Intuition/Frau)	
Dienstag **11** Juli	
TE: Mars ♂ (Mut/Stärke)	
Mittwoch **12** Juli	
TE: Merkur ☿ (Dialog/Handel)	
Donnerstag **13** Juli	
TE: Jupiter ♃ (Geld/Job)	

	Freitag
	14
	Juli
	TE: Venus ♀ (Liebe/Beauty)

	Samstag
	15
	Juli
	TE: Saturn ♄ (Lösung/Ende)

	Sonntag
	16
	Juli
	TE: Sonne ☉ (Mann/Energie)

Tag des slawischen Gottes Prowe am 12. Juli

Prowe ist unter anderem der Gott der Gerechtigkeit und setzt sich für alle die ein, die ungerecht behandelt werden oder sich nicht durchsetzen können. Wenn Sie sich an Prowe wenden, greift er ein und verhilft Ihnen zu Ihrem Recht. Dies kann allerdings manchmal auch recht rabiat sein.

Wenn Sie eher auf Diplomatie setzen, dann stecken Sie sich einen Amethyst-Stein in die Hosentasche. Eine Überlieferung besagt, dass Ihr Gegenüber Ihnen dann wohlgesonnen ist und schneller bereit ist, Zugeständnisse zu machen.

Montag **17** Juli	KW 29
Neumond	
TE: Mond ☽ (Intuition/Frau)	
Dienstag **18** Juli	
TE: Mars ♂ (Mut/Stärke)	
Mittwoch **19** Juli	
TE: Merkur ☿ (Dialog/Handel)	
Donnerstag **20** Juli	
TE: Jupiter ♃ (Geld/Job)	

	Freitag
	21 Juli TE: Venus ♀ (Liebe/Beauty)

	Samstag
	22 Juli TE: Saturn ♄ (Lösung/Ende)

Sonne → Löwe	Sonntag
	23 Juli TE: Sonne ☉ (Mann/Energie)

Tag der keltischen Göttin Rosmerta am 18. Juli

Rosmerta verhilft vielen Überlieferungen nach gerade Frauen zu geschäftlichem Erfolg und schenkt Glück in Verhandlungen. Sie ist für Geld, materielle Fülle aber auch den Reichtum der Erde zuständig.

Die Göttin wird oft nicht nur mit einem Füllhorn als Symbol für den Wohlstand dargestellt, sondern auch mit einer Opferschale. Möchten Sie sich heute das Wachstum Ihres Wohlstandes wünschen – z. B. mit einer grünen Kerze –, dann achten Sie auch darauf, ein Opfer in Form von Blüten, Obst oder Münzen anzubieten.

Montag **24** Juli	KW 30
TE: Mond ☽ (Intuition/Frau)	
Dienstag **25** Juli	
TE: Mars ♂ (Mut/Stärke)	
Mittwoch **26** Juli	
TE: Merkur ☿ (Dialog/Handel)	
Donnerstag **27** Juli	
TE: Jupiter ♃ (Geld/Job)	

	Freitag
	28
	Juli
	TE: Venus ♀ (Liebe/Beauty)

	Samstag
	29
	Juli
	TE: Saturn ♄ (Lösung/Ende)

	Sonntag
	30
	Juli
	TE: Sonne ☉ (Mann/Energie)

Tag der slawischen Göttin Ziwiena am 27. Juli

Früher wurden kleine Tonfiguren am Rande von Getreidefeldern vergraben, um Ziwiena, die Göttin des Getreides, zu ehren. Im Gegenzug versprach die Göttin Schutz und Frieden.

Auch wenn kein Getreidefeld an Ihr Haus angrenzt, können Sie den Segen der Göttin erbitten. Gestalten Sie eine kleine Tonfigur, welche die Göttin darstellt und platzieren Sie diese Figur in der Nähe Ihrer Haustür im Garten oder in einem Blumentopf.

Montag **31** Juli TE: Mond ☽ (Intuition/Frau)	KW 31
Dienstag **01** August **Vollmond** (Supermond) TE: Mars ♂ (Mut/Stärke)	
Mittwoch **02** August TE: Merkur ☿ (Dialog/Handel)	
Donnerstag **03** August TE: Jupiter ♃ (Geld/Job)	

	Freitag
	04
	August
	TE: Venus ♀
	(Liebe/Beauty)

	Samstag
	05
	August
	TE: Saturn ♄
	(Lösung/Ende)

	Sonntag
	06
	August
	TE: Sonne ☉
	(Mann/Energie)

Tag des Heiligen Justin am 4. August

Justin gilt als einer der ersten Theologen der christlichen Kirchen und als Patron der Männer.

Daher passt ein Ritual zur Stärkung der Männer in unserem Umfeld heute besonders gut. Dazu wird eine orangefarbene Kerze mit Namen beschriftet, mit einem Sonnenöl (z. B. Melisse, Orange oder Zitronengras) geölt und angezündet. Sollte es einen konkreten Wunsch für den Mann geben, dann kann dieser Wunsch auf einen Zettel notiert und unter die Kerze gelegt werden.

Montag **07** August	KW 32
TE: Mond ☽ (Intuition/Frau)	
Dienstag **08** August	
TE: Mars ♂ (Mut/Stärke)	
Mittwoch **09** August	
TE: Merkur ☿ (Dialog/Handel)	
Donnerstag **10** August	
TE: Jupiter ♃ (Geld/Job)	

	Freitag **11** August
	TE: Venus ♀ (Liebe/Beauty)
	Samstag **12** August
	TE: Saturn ♄ (Lösung/Ende)
	Sonntag **13** August
	TE: Sonne ☉ (Mann/Energie)

Tag der römischen Göttin Ops

Schon weit vor den Römern verehrten Menschen die Ops als große Göttin, die für das Wachstum der Vegetation und überhaupt für das Leben auf der Erde zuständig war und ist. Es gab viele verschiedene Festtage zu ihren Ehren, die oft ausschweifend gefeiert wurden. Frauen können die Gunst der Göttin gewinnen, wenn sie voller Lob für sich selbst sind. Also stellen Sie sich heute einmal vor den Spiegel, zünden Sie eine rosafarbene Kerze an und laden Sie Ops zu sich ein. Schauen Sie in den Spiegel und loben Sie sich in den höchsten Tönen – auch wenn es sich zu Beginn vielleicht ungewohnt anfühlen mag.

Montag **14** August TE: Mond ☽ (Intuition/Frau)	KW 33
Dienstag **15** August TE: Mars ♂ (Mut/Stärke)	**Maria Himmelfahrt** (BY, SL)
Mittwoch **16** August **Neumond** TE: Merkur ☿ (Dialog/Handel)	
Donnerstag **17** August TE: Jupiter ♃ (Geld/Job)	

	Freitag **18** August
	TE: Venus ♀ (Liebe/Beauty)
	Samstag **19** August
	TE: Saturn ♄ (Lösung/Ende)
	Sonntag **20** August
	TE: Sonne ☉ (Mann/Energie)

Maria Himmelfahrt am 15. August

Noch heute gibt es ein reiches Brauchtum zu diesem Gedenktag. Binden Sie Kräutersträuße aus je sieben verschiedenen Kräutern. In manchen katholischen Gegenden finden Gottesdienste zur Kräutersegnung statt. In den Kräutersträußen sollte auch Goldrute nicht fehlen.

Schauen Sie beim Schneiden genau hin. Zur Mittagsstunde soll man angeblich Engel neben der Goldrute stehen sehen.

Montag **21** August TE: Mond ☽ (Intuition/Frau)	KW 34
Dienstag **22** August TE: Mars ♂ (Mut/Stärke)	
Mittwoch **23** August TE: Merkur ☿ (Dialog/Handel)	Sonne → Jungfrau
Donnerstag **24** August TE: Jupiter ♃ (Geld/Job)	

	Freitag **25** August TE: Venus ♀ (Liebe/Beauty)
	Samstag **26** August TE: Saturn ♄ (Lösung/Ende)
	Sonntag **27** August TE: Sonne ☉ (Mann/Energie)

Tag des römischen Gottes Vulkanus am 23. August

Der Gott der Schmiedekunst begünstigt alle Themen der Transformation und Veränderung. Daher passt heute eine Meditation sehr gut.

Zünden Sie eine orangefarbene Kerze an und fragen sich: Was setze ich (metaphorisch) dem Feuer aus, um es zu bearbeiten? Wo braucht es noch mehr Feuer (Leidenschaft)? Wo verpufft meine Energie ergebnislos?

Montag **28** August	KW 35
TE: Mond ☽ (Intuition/Frau)	
Dienstag **29** August	
TE: Mars ♂ (Mut/Stärke)	
Mittwoch **30** August	
TE: Merkur ☿ (Dialog/Handel)	
Donnerstag **31** August	
Vollmond Blue Moon (Supermond) TE: Jupiter ♃ (Geld/Job)	

	Freitag
	01
	September
	TE: Venus ♀ (Liebe/Beauty)
	Samstag
	02
	September
	TE: Saturn ♄ (Lösung/Ende)
	Sonntag
	03
	September
	TE: Sonne ☉ (Mann/Energie)

Tag der hinduistischen Göttin Padmini am 2. September

Die Lotusblüte ist ein altes Symbol der asiatischen, vor allem der indischen Kultur. Sie steht für Weisheit und göttliche Schönheit und ist ein Sinnbild fürs Durchhalten. Daher wird Padmini (= die im Lotus sitzende) dann angerufen, wenn man sich durch eine unangenehme Situation hindurch kämpfen muss, um zum Ziel zu kommen. Der Lotus wurzelt im Schlamm und wächst durch das Wasser hinauf ans Licht, um sich über der Wasseroberfläche befreit vom Schlamm zu entfalten.
Ein Kettenanhänger in Form einer Lotusblüte unterstützt Sie beim Durchhalten.

Montag **04** September TE: Mond ☽ (Intuition/Frau)	KW 36
Dienstag **05** September TE: Mars ♂ (Mut/Stärke)	
Mittwoch **06** September TE: Merkur ☿ (Dialog/Handel)	
Donnerstag **07** September TE: Jupiter ♃ (Geld/Job)	

	Freitag
	08 September TE: Venus ♀ (Liebe/Beauty)
	Samstag
	09 September TE: Saturn ♄ (Lösung/Ende)
	Sonntag
	10 September TE: Sonne ☉ (Mann/Energie)

Tag der slawischen Göttin Laima am 4. September

Laima ist die Schöpferin der Menschen, die Personifizierung des Schicksals und bestimmt über Glück und Unglück, ist aber auch in der Lage verzweifelten Menschen zu helfen. Allerdings dürfen Menschen für die Hilfe von Laima nicht in ihrem Unglück oder ihrer Unzufriedenheit verharren.

Finden Sie heute mit einem Orakel (z. B. Tarot) heraus, was der nächste Schritt für Sie aus der Unzufriedenheit heraus ist und bitten Sie Laima um Unterstützung, während Sie ein Räucherstäbchen abbrennen lassen.

	KW 37
Montag **11** September TE: Mond ☽ (Intuition/Frau)	
Dienstag **12** September TE: Mars ♂ (Mut/Stärke)	
Mittwoch **13** September TE: Merkur ☿ (Dialog/Handel)	
Donnerstag **14** September TE: Jupiter ♃ (Geld/Job)	

	Freitag
	15
	September
	Neumond
	TE: Venus ♀
	(Liebe/Beauty)

	Samstag
	16
	September
	TE: Saturn ♄
	(Lösung/Ende)

	Sonntag
	17
	September
	TE: Sonne ☉
	(Mann/Energie)

Tag der äthiopischen Göttin Sambatu am 15. September

Dem Mythos nach gab Sambatu den Menschen den Zyklus aus Arbeits- und Ruhephasen. Es ist inzwischen auch wissenschaftlich erwiesen, dass alle Aktivität nur aus einem wirklichen Ruhezustand heraus geschehen kann.

Eine solche Ruhephase ist auch unter der Woche wichtig. Besorgen Sie sich hochwertiges ätherisches Öl aus Melisse und ein Trägeröl (z. B. Mandelöl). Mischen Sie einige Tropfen Melissenöl in das Trägeröl. Massieren Sie nun einige Tropfen der Mischung an Schläfen und Nacken ein. Sie werden spüren, dass Sie fast sofort entspannen und zur Ruhe finden. Aus dieser Ruhe heraus finden Sie wieder neue Kraft für den Alltag.

Montag **18** September	KW 38
TE: Mond ☽ (Intuition/Frau)	
Dienstag **19** September	
TE: Mars ♂ (Mut/Stärke)	
Mittwoch **20** September	**Weltkindertag** (TH)
TE: Merkur ☿ (Dialog/Handel)	
Donnerstag **21** September	
TE: Jupiter ♃ (Geld/Job)	

	Freitag
	22
	September
	TE: Venus ♀ (Liebe/Beauty)

	Samstag
Tagundnachtgleiche (08:50 Uhr) Sonne → Waage	**23**
	September
	TE: Saturn ♄ (Lösung/Ende)

	Sonntag
	24
	September
	TE: Sonne ☉ (Mann/Energie)

Tagundnachtgleiche am 23. September

Einer alten Überlieferung nach müssen alle Zwiebeln geerntet sein, wenn die Sonne in das Zeichen Waage zieht. Den Zwiebeln selbst werden allerlei magische Fähigkeiten nachgesagt.

So ziehen Sie nicht nur Geld und Wohlstand an, wenn Sie die Schale verbrennen. Stecken Sie 4 Stecknadeln in die Zwiebel und legen Sie diese auf das Fensterbrett. Das schützt vor dem sogenannten bösen Blick und anderen negativen Energien.

Montag **25** September	KW 39
TE: Mond ☽ (Intuition/Frau)	
Dienstag **26** September	
TE: Mars ♂ (Mut/Stärke)	
Mittwoch **27** September	
TE: Merkur ☿ (Dialog/Handel)	
Donnerstag **28** September	
TE: Jupiter ♃ (Geld/Job)	

	Freitag
	29
	September
	Vollmond
	TE: Venus ♀
	(Liebe/Beauty)

	Samstag
	30
	September
	TE: Saturn ♄
	(Lösung/Ende)

	Sonntag
	01
	Oktober
	TE: Sonne ☉
	(Mann/Energie)

Tag des Erzengels Michael am 29. September

Michael gilt als Bezwinger des Teufels in Gestalt des Drachens, sowie als Anführer der himmlischen Heerscharen, die im Osten vor Gottes Thron stehen.

Wenn Sie sich seine Unterstützung im Kampf gegen Negatives wünschen, können Sie eine rote Kerze entzünden und dazu folgendes Gebet sprechen, das Papst Franziskus selbst vor einiger Zeit empfahl: „Heiliger Erzengel Michael, verteidige uns im Kampfe gegen Bosheit und die Nachstellungen des Teufels. Sei Du unser Schutz!"

Montag **02** Oktober TE: Mond ☽ (Intuition/Frau)	KW 40
Dienstag **03** Oktober TE: Mars ♂ (Mut/Stärke)	**Tag der Deutschen Einheit**
Mittwoch **04** Oktober TE: Merkur ☿ (Dialog/Handel)	
Donnerstag **05** Oktober TE: Jupiter ♃ (Geld/Job)	

Freitag

06

Oktober

TE: Venus ♀
(Liebe/Beauty)

Samstag

07

Oktober

TE: Saturn ♄
(Lösung/Ende)

Sonntag

08

Oktober

TE: Sonne ☉
(Mann/Energie)

Schutzengeltag am 2. Oktober

Dieser eigentlich katholische Gedenktag darf Sie daran erinnern, dass Sie stets und ständig begleitet und beschützt sind.

Der Tag ist eine gute Gelegenheit, mit Ihrem persönlichen Schutzengel Kontakt aufzunehmen, indem Sie ganz direkt um Zeichen bitten. Ihr Schutzengel nimmt dann z. B. durch Federn oder Münzen Kontakt auf, die Sie an ungewöhnlichen Orten finden. Oder aber auch durch Lieder, die Sie im Radio hören. Sein Sie einfach achtsam und lauschen, was Ihr Schutzengel Ihnen sagen möchte.

Montag **09** Oktober	KW 41
TE: Mond ☽ (Intuition/Frau)	
Dienstag **10** Oktober	
TE: Mars ♂ (Mut/Stärke)	
Mittwoch **11** Oktober	
TE: Merkur ☿ (Dialog/Handel)	
Donnerstag **12** Oktober	
TE: Jupiter ♃ (Geld/Job)	

	Freitag
	13
	Oktober
	TE: Venus ♀ (Liebe/Beauty)

Ringförmige Sonnenfinsternis	Samstag
	14
	Oktober
	Neumond
	TE: Saturn ♄ (Lösung/Ende)

	Sonntag
	15
	Oktober
	TE: Sonne ☉ (Mann/Energie)

Tag der keltischen Göttin Dana am 15. Oktober

Laut Überlieferungen der keltischen Mythologie nährt Dana die Götter und die Menschen gleichermaßen. Manchmal wird sie als personifizierte Erde dargestellt.

Ihr zu Ehren passt heute eine Erdmeditation: Stellen Sie die Füße auf den Boden – am besten im Garten oder im Wald – und visualisieren Sie, dass aus Ihren Füßen Wurzeln wachsen, die tief in die Erde reichen. Hier findet ein Energieaustausch statt. Sie übergeben negative Energien zur Heilung und Transformation an die Erde und füllen sich mit positiver, frischer Energie wieder auf.

Montag **16** Oktober	KW 42
TE: Mond ☽ (Intuition/Frau)	
Dienstag **17** Oktober	
TE: Mars ♂ (Mut/Stärke)	
Mittwoch **18** Oktober	
TE: Merkur ☿ (Dialog/Handel)	
Donnerstag **19** Oktober	
TE: Jupiter ♃ (Geld/Job)	

	Freitag **20** Oktober TE: Venus ♀ (Liebe/Beauty)
	Samstag **21** Oktober TE: Saturn ♄ (Lösung/Ende)
	Sonntag **22** Oktober TE: Sonne ☉ (Mann/Energie)

Tag des römischen Gottes Mars am 19. Oktober

Mars war einer der zentralen Götter im antiken römischen Götterhimmel. Das Attribut des Mars ist die Lanze, gezeigt wird er auch mit Helm, Schild und Schwert. Sein Zeichen ist ein Kreis mit einem nach rechts oben gerichteten Pfeil – auch als Symbol des männlichen Geschlechts bekannt.

Sie können dieses Symbol als magisches Zeichen für alle Rituale verwenden, in denen es um Macht, Stärke oder Männer geht.

Montag **23** Oktober TE: Mond ☽ (Intuition/Frau)	KW 43 Sonne → Skorpion
Dienstag **24** Oktober TE: Mars ♂ (Mut/Stärke)	
Mittwoch **25** Oktober TE: Merkur ☿ (Dialog/Handel)	
Donnerstag **26** Oktober TE: Jupiter ♃ (Geld/Job)	

	Freitag
	27
	Oktober
	TE: Venus ♀ (Liebe/Beauty)

Partielle Mondfinsternis	Samstag
	28
	Oktober
	Vollmond
	TE: Saturn ♄ (Lösung/Ende)

Ende der Sommerzeit	Sonntag
	29
	Oktober
	TE: Sonne ☉ (Mann/Energie)

Tag des heiligen Narcissus am 29. Oktober

Dem Bischof werden zahlreiche Wunder nachgesagt und oft wird er mit einem Drachen zu seinen Füßen dargestellt. Dies geht auf eine der vielen Legenden seines Wirkens zurück. Er soll den Teufel zu einem Versprechen gebracht haben, der daraufhin wiederum den Drachen töten musste. Hier sieht man noch einmal die Macht der Versprechen. Fällt Ihnen eine Situation ein, in der Sie ein Versprechen gaben? Energetisch bindet Sie das heute noch! Nehmen Sie ein schwarzes Band zur Hand, binden Sie einen Knoten hinein, während Sie sich an das Versprechen erinnern. Schneiden Sie jetzt mit einer Schere mitten durch den Knoten und lösen Sie sich von Ihrem Schwur. Das Band kann weggeworfen werden, das Versprechen ist gelöst.

Montag **30** Oktober TE: Mond ☽ (Intuition/Frau)	KW 44
Dienstag **31** Oktober TE: Mars ♂ (Mut/Stärke)	**Reformationstag** (BB, HB, HH, MV, NI, SN, ST, SH, TH)
Mittwoch **01** November TE: Merkur ☿ (Dialog/Handel)	**Allerheiligen** (BW, BY, NW, RP, SL)
Donnerstag **02** November TE: Jupiter ♃ (Geld/Job)	

	Freitag
	03
	November
	TE: Venus ♀ (Liebe/Beauty)

	Samstag
	04
	November
	TE: Saturn ♄ (Lösung/Ende)

	Sonntag
	05
	November
	TE: Sonne ☉ (Mann/Energie)

Halloween am 31. Oktober

Dieses Fest wurde von den Kelten Samhain genannt und bezeichnet den Wechsel vom Sommerhalbjahr hin zur dunklen Jahreshälfte und wird auch heute oft noch als Hexenneujahr bezeichnet. Für ein Neujahrsritual schneiden Sie 12 kleine Schnitze in einen Kürbis. Beschriften Sie nun 13 kleine Zettel mit Wünschen und mischen Sie diese Zettel gut durch. Ziehen Sie nun 12 Zettel nach und nach und stecken diese (ohne sie noch einmal zu lesen) in die Schlitze im Kürbis. Vergraben Sie den Kürbis und übergeben Sie somit Ihre Wünsche an die geistige Welt. Den 13. Zettel, der nun übrig ist, lesen Sie noch einmal. Um die Erfüllung des Wunsches dürfen Sie sich nun selbst kümmern.

Montag **06** November	KW 45
TE: Mond ☽ (Intuition/Frau)	
Dienstag **07** November	
TE: Mars ♂ (Mut/Stärke)	
Mittwoch **08** November	
TE: Merkur ☿ (Dialog/Handel)	
Donnerstag **09** November	
TE: Jupiter ♃ (Geld/Job)	

	Freitag
	10
	November
	TE: Venus ♀ (Liebe/Beauty)

	Samstag
	11
	November
	TE: Saturn ♄ (Lösung/Ende)

	Sonntag
	12
	November
	TE: Sonne ☉ (Mann/Energie)

Abnehmender Mond am 11. November

Denken Sie noch an eine längst verflossene Liebe? Dann ist der perfekte Tag zum Loslassen gekommen.

Beschriften Sie eine schwarze und eine weiße Kerze jeweils mit Ihrem Namen und dem Namen Ihres Ex-Partners. Zuerst lassen Sie nun die schwarze Kerze zur Hälfte abbrennen. Dies löst festsitzende Blockaden. Dann wird zusätzlich die weiße Kerze angezündet und beide Kerzen brennen gemeinsam zu Ende ab. Nun wird es Ihnen leichter fallen, die Energien in Frieden ziehen zu lassen und selbst wieder zu innerem Frieden zu finden.

Montag **13** November **Neumond** TE: Mond ☽ (Intuition/Frau)	KW 46
Dienstag **14** November TE: Mars ♂ (Mut/Stärke)	
Mittwoch **15** November TE: Merkur ☿ (Dialog/Handel)	
Donnerstag **16** November TE: Jupiter ♃ (Geld/Job)	

	Freitag **17** November TE: Venus ♀ (Liebe/Beauty)
	Samstag **18** November TE: Saturn ♄ (Lösung/Ende)
	Sonntag **19** November TE: Sonne ☉ (Mann/Energie)

Tag der römischen Göttin Feronia am 15. November

Ihr Name bedeutet so viel wie „die Blumenliebende". Mit verschiedenen Opfergaben, unter anderem Blumen, wollte man ihr die Zeit des Schlafes bis zum Frühling leicht machen und damit sicher gehen, dass sie nach dem Winter wieder aufwacht.

Schreiben Sie doch heute einmal einen Brief an Ihr zukünftiges Ich. Schreiben Sie alles auf, was Sie sich selbst sagen möchten, was Sie erreichen wollen, was Ihnen gerade wichtig ist. Verschließen Sie den Brief und öffnen Sie ihn am ersten schönen Frühlingstag des neuen Jahres wieder. Sie werden staunen, welche Erkenntnisse und fantastische Emotionen Sie daraus ziehen können.

Montag **20** November	KW 47
TE: Mond ☽ (Intuition/Frau)	
Dienstag **21** November	
TE: Mars ♂ (Mut/Stärke)	
Mittwoch **22** November	**Buß- und Bettag** (SN) Sonne → Schütze
TE: Merkur ☿ (Dialog/Handel)	
Donnerstag **23** November	
TE: Jupiter ♃ (Geld/Job)	

	Freitag
	24
	November
	TE: Venus ♀ (Liebe/Beauty)

	Samstag
	25
	November
	TE: Saturn ♄ (Lösung/Ende)

	Sonntag
	26
	November
	TE: Sonne ☉ (Mann/Energie)

Tag der heiligen Katharina am 25. November

Am sogenannten Kathrein-Tag sollten laut alter Überlieferung alle Räder ruhen, also auch Spinn- und Mühlräder sowie heute die Fahrräder und Autos. Als das Weihnachtsfest auch in unseren Breiten noch am 6. Januar gefeiert wurde, begann am Kathrein-Tag die 40-tägige Fastenzeit.

Nehmen Sie diesen Tag zum Anlass, um sich vor den anstehenden Adventstagen noch einmal eine Auszeit zu gönnen und zurück zu ziehen. Vielleicht nehmen Sie einen grünen Aventurin zur Hand? Er soll zum einen vor Stress schützen, zum anderen aber auch dabei helfen, herauszufinden, was gut tut und was eher belastet.

Montag **27** November	KW 48
Vollmond TE: Mond ☽ (Intuition/Frau)	
Dienstag **28** November TE: Mars ♂ (Mut/Stärke)	
Mittwoch **29** November TE: Merkur ☿ (Dialog/Handel)	
Donnerstag **30** November TE: Jupiter ♃ (Geld/Job)	

	Freitag
	01
	Dezember
	TE: Venus ♀ (Liebe/Beauty)

	Samstag
	02
	Dezember
	TE: Saturn ♄ (Lösung/Ende)

1. Advent	Sonntag
	03
	Dezember
	TE: Sonne ☉ (Mann/Energie)

1. Advent am 3. Dezember

Heute ist der Brauch, einen Kranz aus Tannenzweigen mit 4 Kerzen zu binden, eine weit verbreitete Sitte. Dahinter steckt ein spannendes Ritual mit glücksbringender Bedeutung für das neue Jahr. Vielleicht verzichten Sie in diesem Jahr auf einen gekauften Kranz und binden selbst einen eigenen?

Die Tanne symbolisiert Hoffnung und neues Leben. Der Kranz selbst steht für den Sieg über alles Negative. Weiße Kerzen reinigen die Atmosphäre und sollen Licht, Glück und Harmonie anziehen. Ein rotes Band am Kranz steht für die Fruchtbarkeit, die im neuen Jahr für Wohlstand sorgt.

Montag **04** Dezember	KW 49
TE: Mond ☽ (Intuition/Frau)	
Dienstag **05** Dezember	
TE: Mars ♂ (Mut/Stärke)	
Mittwoch **06** Dezember	
TE: Merkur ☿ (Dialog/Handel)	
Donnerstag **07** Dezember	
TE: Jupiter ♃ (Geld/Job)	

	Freitag **08** Dezember TE: Venus ♀ (Liebe/Beauty)
	Samstag **09** Dezember TE: Saturn ♄ (Lösung/Ende)
2. Advent	Sonntag **10** Dezember TE: Sonne ☉ (Mann/Energie)

Tag der heiligen Barbara am 4. Dezember

Ursprünglich war sie eine Feenkönigin, die in christianisierter Form in unserer Zeit wieder in aller Munde ist.

Der schöne Brauch, einen Forsythien- oder Kirschzweig zu schneiden und in der Stube in eine Vase zu stellen ist wieder weit verbreitet. Der Überlieferung nach bringt es Glück, wenn der Zweig bis Weihnachten blüht.

Montag **11** Dezember	KW 50
TE: Mond ☽ (Intuition/Frau)	
Dienstag **12** Dezember	
TE: Mars ♂ (Mut/Stärke)	
Mittwoch **13** Dezember **Neumond** TE: Merkur ☿ (Dialog/Handel)	
Donnerstag **14** Dezember TE: Jupiter ♃ (Geld/Job)	

	Freitag **15** Dezember TE: Venus ♀ (Liebe/Beauty)
	Samstag **16** Dezember TE: Saturn ♄ (Lösung/Ende)
3. Advent	Sonntag **17** Dezember TE: Sonne ☉ (Mann/Energie)

Tag der slawischen Göttin Azer-Ava am 16. Dezember

Als Schützerin des Waldes straft sie der Überlieferung nach all jene, die ohne Sinn Äste abbrechen oder Bäume fällen. Sie beschenkt aber die, die sich dem Wald respektvoll nähern. Diese Göttin zu ehren funktioniert nicht nur mit Opfergaben oder Gebeten allein.

Unternehmen Sie heute einen Waldspaziergang, nehmen Sie eine Mülltüte mit und sammeln Sie auf, was von achtlosen Menschen weggeworfen wurde. Entsorgen Sie den Müll außerhalb des Waldes und Sie werden von Azer-Ava belohnt.

Montag **18** Dezember	KW 51
TE: Mond ☽ (Intuition/Frau)	
Dienstag **19** Dezember	
TE: Mars ♂ (Mut/Stärke)	
Mittwoch **20** Dezember	
TE: Merkur ☿ (Dialog/Handel)	
Donnerstag **21** Dezember	
TE: Jupiter ♃ (Geld/Job)	

Wintersonnenwende (04:27 Uhr) Sonne → Steinbock	**Freitag** # 22 Dezember TE: Venus ♀ (Liebe/Beauty)
	Samstag # 23 Dezember TE: Saturn ♄ (Lösung/Ende)
Heiligabend	**Sonntag** # 24 Dezember TE: Sonne ☉ (Mann/Energie)

Wintersonnenwende am 22. Dezember

Es ist an der Zeit zur Ruhe zu kommen. Jetzt in der größten Dunkelheit liegt die Hoffnung auf den kommenden Frühling. Dies ist auf unser Leben übertragbar. Am Punkt unserer größten Traurigkeit gibt es die Chance auf neues Glück. Probieren Sie Folgendes: Legen Sie sich eine Teekerze und ein Feuerzeug zurecht. Schalten Sie alle Lichtquellen aus und fühlen Sie die Dunkelheit. Zünden Sie nun die Kerze an. Beobachten Sie, wie die Kerze – ausgelöst durch Ihre Aktivität des Anzündens – den Raum mit Licht füllt. Ebenso können Sie Ihr Leben durch Ihre Entscheidungen mit Licht erhellen. Lassen Sie die Kerze ganz ausbrennen, um sich ganz mit dieser neuen und frischen Energie aufzufüllen.

Montag **25** Dezember	KW 52 **1. Weihnachtsfeiertag**
TE: Mond ☽ (Intuition/Frau)	
Dienstag **26** Dezember	**2. Weihnachtsfeiertag**
TE: Mars ♂ (Mut/Stärke)	
Mittwoch **27** Dezember **Vollmond** TE: Merkur ☿ (Dialog/Handel)	
Donnerstag **28** Dezember TE: Jupiter ♃ (Geld/Job)	

	Freitag
	29
	Dezember
	TE: Venus ♀
	(Liebe/Beauty)
	Samstag
	30
	Dezember
	TE: Saturn ♄
	(Lösung/Ende)
Silvester	Sonntag
	31
	Dezember
	2023
	TE: Sonne ☉
	(Mann/Energie)

Tag des römischen Sol am 25. Dezember

Die Sonne bringt mit ihrem Licht alles an den Tag und so bleibt dem Sonnengott Sol nichts verborgen. Sol ist „alleserschauend" und kann daher mit einem Orakel angerufen werden.

Besonders schön ist dies natürlich gerade jetzt zum Jahreswechsel, aber auch immer dann, wenn es um Themen geht, die Sie selbst nicht erfassen können.

Gesetzliche Feiertage im Jahr 2024

(Stand 26.05.2022)

Tag	Datum	Namen	Bundesland
MO	01.01	Neujahrstag	Bundesweit
SA	06.01	Heilige Drei Könige	BW, BY, ST
FR	08.03	Internat. Frauentag	BE
FR	29.03	Karfreitag	Bundesweit
SO	31.03	Ostersonntag	BB
MO	01.04	Ostermontag	Bundesweit
MI	01.05	Tag der Arbeit	Bundesweit
DO	09.05	Christi Himmelfahrt	Bundesweit
SO	19.05	Pfingstsonntag	BB
MO	20.05	Pfingstmontag	Bundesweit
DO	30.05	Fronleichnam	BW, BY, HE, NW, RP, SL
DO	15.08	Mariä Himmelfahrt	BY, SL
FR	20.09	Weltkindertag	TH
DO	03.10	Tag der Deutschen Einheit	Bundesweit
DO	31.10	Reformationstag	BB, HB, HH, MV, NI, SN, ST, SH, TH
FR	01.11	Allerheiligen	BW, BY, NW, RP, SL
MI	20.11	Buß- und Bettag	SN
MI	25.12	1. Weihnachtstag	Bundesweit
DO	26.12	2. Weihnachtstag	Bundesweit

Liste der verwendeten Abkürzungen

BB	- Brandenburg	NW	- Nordrhein-Westfalen
BE	- Berlin	RP	- Rheinland-Pfalz
BW	- Baden-Württemberg	SH	- Schleswig-Holstein
BY	- Bayern	SL	- Saarland
HB	- Bremen	SN	- Sachsen
HE	- Hessen	ST	- Sachsen-Anhalt
HH	- Hamburg	TH	- Thüringen
MV	- Mecklenburg-Vorpommern	TR	- Tagesregent / Planetenherrscher
NI	- Niedersachsen	TL	- Teelöffel

Kalenderübersicht 2024

Januar

	Mo	Di	Mi	Do	Fr	Sa	So
52	1	2	3	4	5	6	7
1	8	9	10	11	12	13	14
2	15	16	17	18	19	20	21
3	22	23	24	25	26	27	28
4	29	30	31				
5							

Februar

	Mo	Di	Mi	Do	Fr	Sa	So
5				1	2	3	4
6	5	6	7	8	9	10	11
7	12	13	14	15	16	17	18
8	19	20	21	22	23	24	25
9	26	27	28	29			

März

	Mo	Di	Mi	Do	Fr	Sa	So
9					1	2	3
10	4	5	6	7	8	9	10
11	11	12	13	14	15	16	17
12	18	19	20	21	22	23	24
13	25	26	27	28	29	30	31

April

	Mo	Di	Mi	Do	Fr	Sa	So
13	1	2	3	4	5	6	7
14	8	9	10	11	12	13	14
15	15	16	17	18	19	20	21
16	22	23	24	25	26	27	28
17	29	30					

Mai

	Mo	Di	Mi	Do	Fr	Sa	So
17			1	2	3	4	5
18	6	7	8	9	10	11	12
19	13	14	15	16	17	18	19
20	20	21	22	23	24	25	26
21	27	28	29	30	31		
22							

Juni

	Mo	Di	Mi	Do	Fr	Sa	So
22						1	2
23	3	4	5	6	7	8	9
24	10	11	12	13	14	15	16
25	17	18	19	20	21	22	23
26	24	25	26	27	28	29	30

Juli

	Mo	Di	Mi	Do	Fr	Sa	So
26	1	2	3	4	5	6	7
27	8	9	10	11	12	13	14
28	15	16	17	18	19	20	21
28	22	23	24	25	26	27	28
30	29	30	31				

August

	Mo	Di	Mi	Do	Fr	Sa	So
31				1	2	3	4
32	5	6	7	8	9	10	11
33	12	13	14	15	16	17	18
34	19	20	21	22	23	24	25
35	26	27	28	29	30	31	

September

	Mo	Di	Mi	Do	Fr	Sa	So
35							1
36	2	3	4	5	6	7	8
37	9	10	11	12	13	14	15
38	16	17	18	19	20	21	22
39	23	24	25	26	27	28	29
	30						

Oktober

	Mo	Di	Mi	Do	Fr	Sa	So
39		1	2	3	4	5	6
40	7	8	9	10	11	12	13
41	14	15	16	17	18	19	20
42	21	22	23	24	25	26	27
43	28	29	30	31			
44							

November

	Mo	Di	Mi	Do	Fr	Sa	So
44					1	2	3
45	4	5	6	7	8	9	10
46	11	12	13	14	15	16	17
47	18	19	20	21	22	23	24
48	25	26	27	28	29	30	

Dezember

	Mo	Di	Mi	Do	Fr	Sa	So
48							1
49	2	3	4	5	6	7	8
50	9	10	11	12	13	14	15
51	16	17	18	19	20	21	22
52	23	24	25	26	27	28	29
	30	31					

Magische Grundlagen

An dieser Stelle möchte ich Ihnen gern das Wichtigste über Magie und Rituale mit auf den Weg geben. Denn dieser Kalender lebt von den zahlreichen Ritualen, die Sie in Ihrem Alltag ausprobieren und zelebrieren können.

Alles, was ich hier schreibe, entstammt weitestgehend der traditionellen Überlieferung. Das meiste habe ich alten handschriftlichen Notizen entnommen, die von meiner Großmutter und Urgroßmutter stammen.

Ich selbst habe diese Rituale übernommen, an aktuelle Gegebenheiten angepasst und teilweise adaptiert, indem ich sie mit anderen Mythen kombiniert habe.

Nun darf ich Ihnen also mein Wissen und meine Erfahrungen nahebringen. Kombinieren Sie das ganze mit Ihren Wahrnehmungen und Ansichten.

Trauen Sie sich wild zu kombinieren. Ich versichere Ihnen, dass Sie kein Unheil anrichten können.

Sollte sich eine Kombination tatsächlich nicht vertragen, passiert im schlimmsten Fall – nichts. Das Ritual hätte dann eventuell keinen Erfolg.

Aber bitte fürchten Sie nicht, dass eventuell etwas ins Gegenteil umschlagen könnte oder Sie womöglich für den Untergang der Welt verantwortlich wären. All das kann nicht passieren, denn auch mit den großartigen Möglichkeiten, die wir mit der Magie bekommen haben, handeln wir dennoch immer im Rahmen unseres Schicksals.

Also probieren Sie sich aus, finden Sie eigene Wege und erfreuen Sie sich an der Spiritualität. In dieser darf nämlich jeder seinen individuellen Pfad finden.

Vielleicht geht es Ihnen dann wie mir, und Sie empfinden tiefe Dankbarkeit für die Möglichkeiten, die Sie haben.

Wir – besonders hier in Mittel- und Westeuropa – genießen eine enorme Freiheit. Wir dürfen uns die Religion frei wählen, dürfen selbst entscheiden, ob wir eine bestimmte Kirche besuchen oder nicht. Und das ganze ohne Konsequenz für Leib und Leben.

Damit besitzen wir eine Freiheit, die in den meisten Regionen der Welt so nicht gegeben ist. Dafür bin ich aus ganzem Herzen dankbar.

Für ein Wunschritual gibt es ein Standard-Rezept, das je nach Thema angepasst werden kann und soll.

1. Der richtige Zeitpunkt
- Wählen Sie den richtigen Mondstand: Soll etwas wachsen (→ zunehmender Mond)?

- Soll etwas weniger werden (→ abnehmender Mond)? Wollen Sie etwas Neues anfangen (→ Neumond)? Oder braucht Ihr Vorhaben ganz besonders viel Energie (→ Vollmond)?

- Wählen Sie den richtigen Wochentag:
  ☽ Montag – Mond – Intuition, Weiblichkeit
  ♂ Dienstag – Mars – Mut, Tatkraft
  ☿ Mittwoch – Merkur – Kommunikation
  ♃ Donnerstag – Jupiter – Finanzen, Beruf
  ♀ Freitag – Venus – Liebe, Selbstliebe
  ♄ Samstag – Saturn – Auflösung, Ende
  ☉ Sonntag – Sonne – Energie, Männlichkeit

2. Die richtige Kerze
- Verwenden Sie nur durchgefärbte Kerzen.
- Wählen Sie die richtige Farbe entsprechend Ihrem Wunsch:
- violett – Spiritualität
- rosa – Romantik, Venus
- rot – Liebe, Mut, Mars, Fruchtbarkeit • orange – Ausdauer, Kreativität
- gelb/gold – Energie, Sonne, Aktivität • blau – Entspannung, Vitalität
- grün – Finanzen, Beruf, Jupiter
- weiß – Klärung, Reinigung
- grau/silber – Mond, Gerechtigkeit
- braun – Kommunikation
- schwarz – Ende, Schutz, Saturn

3. Ausführung
- Nehmen Sie sich Zeit und gönnen Sie sich Ruhe ohne TV, Handy oder sonstige Störung.
- Sammeln Sie sich, formulieren Sie Ihren Wunsch klar und deutlich. Je präzisere Worte Sie finden, desto besser.
- Beschriften Sie die Kerze mit Symbolen, die zu Ihrem Wunsch passen, und Ihrem Namen. Nutzen Sie Ihren Fingernagel oder einen Zahnstocher und keinesfalls ein Messer!
- Wenn Sie mögen, können Sie die Kerze mit einem zu Ihrem Wunsch passenden magischen Öl einreiben.
- Entzünden Sie die Kerze und wenden Sie sich an einen für Sie passenden Gott oder Göttin. Wenn Sie sich unsicher fühlen, hilft Ihnen vielleicht dieser Leitfaden:
- Machen Sie die Gottheit auf Sie aufmerksam, grüßen Sie, nennen Sie Ihren Namen.
- In manchen Religionen ist es üblich, zunächst etwas Preisendes über die Gottheit zu sagen. Also bereits erfüllte Wünsche oder Begebenheiten aus der Mythologie.
- Nennen Sie Ihren Wunsch. Vielleicht möchten Sie eine Gegenleistung (= ein Opfer) anbieten.
- Bedanken und verabschieden Sie sich.

Bedenken Sie, dass ein angebotenes Opfer verbindlich ist und nicht einfach nach Gusto ausgetauscht oder gar ausgelassen werden sollte. Ein Dank nach Wunscherfüllung sollte selbstverständlich sein.

Ich wünsche Ihnen viel Erfolg!

Über die Autorin

Ich heiße Stefanie Gralewski und bin in Berlin in eine Familie hinein-geboren, deren Frauen das Wissen und die Mythen weiser Frauen seit Generationen weitergegeben haben. Schon als Kind spürte ich, dass ich eine besondere Gabe habe. Heute „Esoterik" genannte Themen waren für mich also genau so normal wie lesen und spielen.

Von meiner Urgroßmutter, Großmutter und Mutter wurde ich in die Geheimnisse der Zukunftsschau, des Kerzenzaubers und der Kräu-termagie eingeweiht. Weitere internationale Ausbildungen (u. a. zum Angstcoach und zur Wicca-Hohepriesterin) folgten. Seit frühester Jugend beschäftige ich mich mit Geschichte und Religionen.

Zwar entschied ich mich gegen ein Studium der Geschichts- und Re-ligionswissenschaften, aber das Interesse blieb.

Im Jahre 2006 machte ich meine Berufung zum Beruf und berate seitdem professionell Menschen aus allen Bevölkerungsschichten und aller Herren Länder. Auch Prominente aus Sport, Wirtschaft und Medien vertrauen auf meine liebevolle und einfühlsame Beratung. Seit 2010 kann man mir bei meinen Beratungen auch im TV über die Schulter schauen.

Ich wünsche mir von ganzem Herzen, dass alle Religionen in frucht-barem Austausch zueinander finden. Toleranz sollte nicht nur von der Kanzel gepredigt, sondern auch im Alltag gelebt werden. Wahre Toleranz zeigt sich dort, wo ich andere Glaubensvorstellungen dis-kutieren kann – ohne zu missionieren.

Bei Interesse biete ich Workshops und Seminare zu den Mythen der Welt, Orakel und Hexen in ganz Europa an. Auch für Lebensberatun-gen bin ich gern erreichbar. Profitieren Sie von der exklusiven Kom-bination modernen Mentaltrainings mit traditionellen Orakeln und meiner langjährigen Erfahrung.

Näheres dazu und aktuelle Informationen und Termine finden Sie auf www.stefaniegralewski.de oder auf Facebook unter „Die Berliner Hexe" bzw. „Steffis Hexenkalender".

Haben Sie Fragen oder Anregungen zu diesem Buch? Gern können Sie mir schreiben! E-Mail: office@stefaniegralewski.de

Weitere Publikationen von Stefanie Gralewski

„Die vielen Gesichter der Jungfrau Maria – eine spirituell-historische Betrachtung" erschienen 2014

Steffis Hexenkalender – Das Original – 2015 – 2023

Artikelreihe „Der magische Hexenkalender" in der Zeitschrift „Zukunftsblick" Ausgabe 10/2015 – 12/2017

Artikelreihe „Medium und Mutter" in der Zeitschrift „Zukunftsblick" Ausgabe 05/2016 – 05/2017

Fotokalender „Göttinnen der Welt" 2018 (erschienen 2017) Fotokalender „Göttinnen der Welt – Dark Edition" 2018 (erschienen 2017)